LA SIBYLLE

AU TOMBEAU

DE LOUIS XVI.

Je ne reconnaîtrai pour authentiques que les exemplaires qui porteront ma signature, et je poursuivrai les contrefacteurs.

IMPRIMERIE DE LE NORMANT, RUE DE SEINE.

LA SIBYLLE

AU TOMBEAU

DE LOUIS XVI,

ORNÉ D'UNE GRAVURE.

PAR Mlle M. A. LE NORMAND,

Auteur des *Souvenirs prophétiques d'une Sibylle*, etc.

> Que l'œil de la modestie ne se détourne point de cet ouvrage! partout j'y ai célébré la vertu.

PARIS,

Chez l'AUTEUR, rue de Tournon, n°. 5, faub. S. Germain.
Et à son Magasin de Librairie,
rue du Petit-Lion-Saint-Sulpice, n°. 1.

1816.

A L'OMBRE

DE LOUIS XVI.

—

Consolez-vous, mânes plaintifs; la France entière est aujourd'hui prosternée dans les temples du Saint des saints.... Des autels expiatoires attestent à l'univers et nos remords et notre douleur profonde. Votre immortel Testament est le plus beau panégyrique que l'on puisse vous offrir, en le récitant dans ces jours de *deuil* universel. Le généreux pardon que vous accordez à vos plus cruels ennemis, vient d'être confirmé par votre digne successeur. C'est pour la seconde fois..... Un Roi clément oublie les offenses, et ne se rappelle que l'amour qu'il doit à ses enfans.... mais la vengeance céleste ne laisse rien d'impuni... Entendez-vous déjà les cris funèbres arrachés par les reproches que les consciences adressent aux plus coupables ? Pour eux point de sommeil, nul repos : d'horribles spectres, tenant dans leurs mains hideuses des coupes remplies de votre sang, les forcent à le boire ; leurs cheveux se hérissent d'épouvante, ils sentent les furies armées de leurs serpens, descendre dans le fond de leurs cœurs, pour s'en partager les lambeaux. Ils donneroient maintenant leurs vies pour racheter la vôtre, il n'est plus temps..... leur repentir seul peut maintenant expier un si grand crime... Ombre auguste, ombre si généreuse ! ne cessez jamais de veiller sur la *France*. Votre peuple vous implore aujourd'hui...... Ah ! faites, immortel *Louis*, que nous ne formions tous qu'une famille, et que d'âge en âge votre auguste Maison nous donne des Rois, et gouverne nos neveux !........

Tel est le vœu bien sincère
d'une bonne Française.

LA SIBYLLE

AU TOMBEAU DE LOUIS XVI.

———

> *Ii vivunt, qui ex corporum vinculis,*
> *tanquàm è carcere evolaverunt ; vestra*
> *verò quæ dicitur vita, mors est.*
>
> Cic. *Songe de Scipion.*
>
> Ceux - là vivent réellement qui
> s'échappent comme d'une prison, en
> quittant leurs chaînes corporelles ; car
> ce que vous appeléz vivre sur la terre,
> n'est qu'un véritable état de mort.

Je laisse à des plumes exercées la gloire de
chanter les héros, et de raconter leurs hauts
faits. J'abandonne aux poëtes fameux le
soin de célébrer leurs victoires. Moi, plus
modeste et moins ambitieuse, je vais essayer,
malgré le trouble qui m'agite, de décrire les
vertus touchantes de *Louis*-le-Bienfaisant,
et de rappeler à la France encore étonnée,
la catastrophe d'un Roi descendu du trône

(8)

pour monter à l'échafaud ; et de là à la gloire.

Quoi ! *Sibylle*, tu trembles? tu craindrais de retracer quelques-unes de ces scènes sanglantes qui se mêlent aux convulsions et aux bouleversemens des empires? Hé bien! laisse ce soin aux historiens : mais essaie du moins de frapper fortement la génération présente, en lui mettant sous les yeux des faits dignes de l'attention du moraliste, qui juge le cœur d'après les actions.

Je ferai donc l'esquisse de cette révolution terrible qui, pour le malheur de l'humanité, désola si long-temps l'Europe, et la couvrit de feu et de sang. Je n'en parlerai cependant qu'autant que mon sujet l'exigera.

Nous trouvons je ne sais quel charme à parler de ceux que nous avons pleurés, en nous peignant vivement ce qu'ils étoient ; nous oublions quelquefois qu'ils ne sont plus, et nous croyons les voir reparaître, évoqués par le respect et par l'amitié.

A l'aurore de sa vie, Louis XVI (1)

---

(1) Né à Versailles, le 23 août 1754, il fut nommé Duc de Berry, et devint Dauphin, à la mort de son père, arrivée en 1765.

contemploit l'ordre et le mouvement de l'u-
nivers. Quand il voyait ce faible globe em-
porté dans l'espace infini, retrouver à l'instant marqué l'astre qui lui rend la lumière
et la fécondité, il admirait, il reconnaissait
l'intelligence suprême, et prononçait le nom
de *Dieu* au fond de son âme ; placé sous la
main d'un protecteur et sous le regard d'un
juge, il marchait d'un pas assuré dans la
carrière de la vie.

Quoi de plus sublime et de plus touchant
que l'Evangile (1) dont il faisait son étude
journalière ? Ses divins préceptes étaient de-
venus, pour le meilleur des princes, la règle
invariable de sa conduite. Je devrais ter-
miner ici en m'inclinant, ce que je me pro-
pose de dire du plus vertueux des Rois ; mais
il me semble que le tribut de ma plus pieuse
admiration serait trop incomplet.

Ce prince actuel du ciel contemplait-il,

―――――――――

(1) Il y a dans les maximes de l'Evangile une noblesse et une élévation où les cœurs vils et rampans
ne sauraient atteindre. La religion, qui fait les grandes
âmes, ne paraît faite que pour elles, et il faut être
grand ou le devenir pour être chrétien.

MASSILLON, *Second Dimanche du Petit-Carême.*

alors qu'il était sur la terre, le vaste tableau que l'Eternel a placé sous nos sens, comme un monument sans cesse expressif de sa toute-puissance, il ne parloit des grandes merveilles de la nature animée, qu'avec cette élévation d'âme qui atteste l'humble admiration de la créature et le pouvoir imposant du créateur. L'image du vrai et du beau ne s'offrait jamais plus sensiblement à sa pensée qu'au milieu des scènes innocentes de la vie patriarcale, où l'homme aimant se plaît tant à rencontrer l'humanité sans altération et sans feinte.

Ses yeux se peignaient de l'azur des cieux, et semblaient aussi exprimer un sentiment.

Son cœur bon et sensible éprouvait le besoin continuel de répandre le bonheur partout où il portait ses pas (1). Les pauvres l'appelaient leur père, et les victimes des grandes infortunes élevaient au ciel leur faible voix pour prier *Dieu* de bénir leur illustre consolateur. Le bonheur de ses peuples

----

(1) Pendant les hivers secs et glacials de 1776 et 1788, on vit Louis XVI répandre de larges aumônes. Il sortait seul, visitait les malheureux, et les soulageait.

(11)

était l'objet de sa plus vive ambition et de ses efforts généreux (1). Il excellait surtout dans la juste répartition des récompenses dués au mérite, et du pardon que l'égarement pouvait invoquer.

« La bienfaisance, ce plus beau sentiment de l'homme vertueux, qui met le sage au-dessus du conquérant, et qui porte avec soi sa récompense ; la bienfaisance était le premier besoin du cœur de Louis XVI. En se croyant digne de faire des actes de vertu, il n'en devint que plus vertueux, et il disait souvent, comme *César* : que rien ne le flattait davantage que les prières et les demandes ; et que ce n'était qu'alors qu'il se trouvait véritablement grand (2).

----

(1) Il marqua son avènement à la couronne par des actes de bienfaisance. Il remit son droit de joyeux avènement, abolit la question préparatoire et le servage dans ses domaines.

(2) Zoroastre a osé dire dans le Sadder :

« O hommes ! sachez oublier les injures ; souffrez que le flambeau des sciences vous éclaire, portez avec hardiesse la vérité jusqu'au trône des souverains. Il y a encore des contrées où de tels principes seraient odieux au gouvernement. »

Mais l'auguste frère de Louis XVI est sur le trône.

Le Roi connoissait peu le monde ; il n'avait reçu de ses augustes parens que des exemples d'actions nobles et généreuses ; il était né vertueux, et tout lui semblait bon sur la terre. Il appartenait au malheur de lui donner une autre leçon ; la perfidie et la dureté des hommes lui ôtèrent à la fois fortune, amis, parens : il ne lui resta plus rien........ C'est alors seulement qu'il connut ce monde qu'il avait cru parfait.

Voyez ces jeunes espaliers, plantés à peu de distance l'un de l'autre : ils se rapprochent dès qu'ils s'élèvent de terre, ils croisent leurs branches, unissent leurs fleurs, s'entrelacent chaque jour davantage ; ils pompent ensemble la rosée et les rayons d'un jour salutaire. On ne peut couper les rameaux de l'un, sans blesser ceux de l'autre ; on ne peut respirer leurs parfums confondus, sans faire leur commun éloge. Ils sont l'image fidèle de l'auguste Famille qui nous cause tant de regrets....... Louis XVI adorait sa compagne (1) ; et la Reine, tendre mère, femme

____

(1) Le 19 décembre 1778, la Reine accoucha de Madame première. Louis, flatté d'être père, en sautait d'allégresse, embrassait et la mère et l'enfant. Dans

courageuse; n'a pu, comme *Arthémise*, pleurer sur les cendres du plus vertueux des *Rois* et du meilleur des époux.

Marie-Antoinette avait vu, elle avait partagé la gloire et les succès d'un beau règne; elle en vit les revers et les fautes, elle en partagea courageusement les amertumes.

Ah ! que n'est-il possible d'effacer ces tristes jours de notre histoire, et de les dérober à la connaissance de nos neveux ! Mais puisqu'il n'est pas donné de faire oublier les cruels événemens dont malheureusement l'univers a recueilli le souvenir, tâchons, du moins, d'imiter, dans ce qui nous reste à tracer, le peintre discret qui, pour cacher la difformité du visage, inventa l'art du profil; dérobons à la vue le point de lumière qui éclaira ces scènes tumultueuses et inatten-

---

l'enthousiasme de sa joie, il prend l'enfant précieux entre ses bras, le porte sur le balcon, et le montre à son peuple. « Cette Princesse vous appartient, leur dit-il. »

. . . .

Il me semble voir le bon Henri porter ses enfans sur son dos, et dire à un ambassadeur : « Monsieur, n'avez-vous pas des enfans ? Il faut bien les amuser. »

dues qui, formées comme la foudre dans les flancs caverneux des nuages révolution-naires, ne permirent pas toujours aux mieux intentionnés de distinguer le vrai chemin d'avec la fausse route où ils se sont si invo-lontairement précipités.

L'*Angleterre* donna, il y a plus d'un siècle, à l'univers étonné, le spectacle affreux d'un Roi jugé et mis à mort par des sujets re-bellés (1). Cet horrible exemple a pu trouver des imitateurs !!!!!!!! Ah ! n'imputons point à notre nation un crime odieux qu'elle désa-voue et qu'elle expie journellement par ses larmes. Tremblons à la vue des excès aux-quels se porte l'ambition, lorsqu'elle est secondée soit par le fanatisme et la supersti-tion, soit par le prétexte toujours faux et trompeur de procurer au peuple la liberté et le bonheur.

----

(1) On traduisit trois fois le monarque devant cette Cour illégale, et il refusa autant de fois d'en recon-naître la juridiction. Enfin, le 10 février 1649, sa tête fut tranchée d'un seul coup dans la place de Witchall. Un homme masqué fit l'office d'exécuteur, et le corps fut déposé dans la chapelle de Windsor.

M. DE JAUCOURT.

(15)

Ah ! quand l'ambition n'est pas la plus noble des passions, elle en devient la plus criminelle. Devoir ! honneur ! patrie ! y aurait-il donc de la gloire sans vous ? Les verrons-nous subsister encore ces principes meurtriers, qui, plus d'une fois de nos jours...... (1) Je m'arrête. Les anciens défendaient de prononcer des paroles sinistres dans certains jours remarquables...... Sous un monarque (2) qui ne chérit et n'appelle que la

----

(1) Ah ! laissons agir le temps ; la cruelle vérité s'est échappée de ma plume.... Vivrais-je en ce moment, si une secrète espérance ne restait pas au fond de mon cœur ?

(2) On ne peut mieux appliquer qu'à *Louis-le-Désiré*, les vers suivans :

Je ne vis, ô Français ! que pour vous rendre heureux ;
C'est le but de mes soins, l'objet de tous mes vœux :
Oui, j'aime avec transport ce bon peuple qui m'aime ;
Vous, à qui j'ai fait part de mon pouvoir suprême,
Et qui voyez de près, en tous lieux répandus,
Ses plaisirs, ses chagrins, la justice et l'abus ;
Si de la vérité vous parlez le langage,
Son bonheur deviendra notre commun ouvrage.
Hélas ! mon cœur suffit à mon amour pour eux,
Et je ne puis suffire à voir tout par mes yeux.
Ne me déguisez rien, éclairez ma tendresse ;
Plaidez pour mes enfans, c'est moi qui vous en presse.

vertu, qui osera compter sur le succès de la corruption, et sur l'impunité du crime ?

Si les peuples ne prononcent pas le nom de *Roi* sans être frappés de respect, le sage ne peut contempler les devoirs des princes sans en être effrayé. Quand cette grande pensée a saisi l'âme du Monarque, elle le remplit et l'agite long-temps ; l'humanité entière paraît devant lui ; le bonheur que les peuples méritent en échange des droits qu'ils ont abandonnés, est toujours présent à son esprit : ils se sont tous soumis à lui, il s'est donné tout entier à eux ; et s'il a bien connu (*dit un grand politique*) cette espèce d'échange, c'est sans doute de son côté qu'est le plus grand fardeau ; c'est à lui que s'adressent toutes les plaintes publiques et secrètes. L'honneur de ce qui s'est fait de glorieux sous ses ordres lui appartient, mais le blâme du mal qu'il n'a pu empêcher retombe sur lui ; aucune de ses actions, de ses paroles, n'est indifférente ; il ne peut être injuste sans être parjure, car il a promis la justice ; et s'il lui arrive, comme à tous les hommes, de se tromper, son erreur s'étend et se prolonge dans les siècles........

La duplicité, qui sait si bien feindre le zèle et le dévouement, fit voir à Louis XVI la nécessité de convoquer l'assemblée des notables (1): ce prince, trop confiant, ne rêvait que le bonheur de ses peuples (il savait que le mal que peuvent faire les Rois est toujours moindre que celui qu'on peut faire en leur nom); aussi, à l'exemple de *ce diable à quatre*, d'honorable mémoire, il voulait une répartition égale et relative dans les charges publiques ;........ que le commerce, et surtout l'agriculture, fussent dégagés de toutes entraves ;....... il voulait, dis-je, que l'artisan et

---

(1) Le Roi convoqua les notables de son royaume pour recueillir leurs avis sur la situation affligeante des finances, et pour y remédier. Les notables n'apportèrent néanmoins aucun remède au corps politique ; ils s'occupèrent de leur intérêt personnel , et oublièrent celui de la nation.

Le 4 mai 1789, se fait à Versailles l'ouverture des Etats - Généraux; jamais procession, de mémoire d'homme, ne fut plus majestueuse et plus imposante ; mais à peine les députés du tiers-état voulurent-ils procéder en communauté à leurs opérations, que les députés de la noblesse et du clergé s'y opposèrent, et prétendirent former des chambres différentes, et opiner par ordre , et non par tête.

le laboureur pussent, sous son règne, voir réaliser les souhaits de son auguste chef.......; Heureux songe ! réveil affreux !......... Les factieux, pour l'amener par gradation à sanctionner leurs décrets liberticides, lui faisaient voir journellement le royaume en péril ; et la trahison prête à éclater de toutes parts.

Dans les temps de révolution, il faut souvent se taire sur les crimes et les injustices des oppresseurs qui se sont emparés du pouvoir ; comme ils ne règnent qu'en trompant le peuple, ils ne pardonnent point à ceux qui veulent l'éclairer....

Cependant, le danger augmentait de jour en jour ; le calme qui environnait Louis ressemblait au silence de la mort.

Et quel sera, grand Dieu ! l'avenir de cet infortuné monarque, que la violence opprime à force ouverte, ou que la perfidie condamne sous le voile de la justice ? S'il n'était point de suprême puissance qui le dérobât aux fureurs de l'homme, la philosophie moderne, qui proclame et conseille les abus en proscrivant les préjugés les plus utiles, mènerait donc au bonheur plutôt que celle qui nous met sur

la voie des jouissances insensées, et *Néron*,
qui embrase sa patrie, serait donc plus sage
que *Codrus* qui expire pour elle!

Les journées sanglantes des 5 et 6 octobre
détrompèrent *Louis*, et l'avertirent du danger de sa sécurité. Depuis long-temps le crime
veillait, et le monarque était peut-être le
seul qui, rassuré par le calme de sa conscience, jugeait les hommes d'après lui-
même.....

C'est ainsi que la fortune couronna l'audace du plus grand succès, et que les projets
les mieux combinés, dans lesquels on croyait
avoir calculé tous les événemens et prévu
tous les obstacles, vinrent échouer contre
les efforts de la perfidie.

L'auguste Famille fut traînée à *Paris*, sous
les yeux même de cette assemblée nationale,
qui a osé ensuite reprocher aux deux qui
l'ont suivie, les crimes qui se sont com-
mis sous leur règne (1). Le trajet fut de sept
mortelles heures; la Famille Royale, abreu-

____

(1) O hommes ! à qui la nature avait donné cette
grande et extraordinaire imagination, vous naquîtes
pour marcher entre les applaudissemens de la terre et

vée d'humiliation par la plus vile populace, fut reçue à la barrière par Bailly, qui félicita le monarque de ce qu'il voulait bien se fixer au milieu de son peuple....; ironie sanglante!!!

Son voyage à Varennes fut regardé comme une émigration......, et le malheureux prince, qui déjà prévoyait à quel excès d'audace se porteraient de coupables sujets, voulait empêcher le plus grand des crimes.... C'était *David* fuyant devant *Absalon.* On voit en lui un *Roi* abandonné, un père malheureux; ce n'est point la foudre du ciel irrité qu'il sollicite, c'est dans le Roi des Rois qu'il met toute sa confiance! Il prie pour des fils ingrats! Cet acte d'amour paternel est au-dessus du sublime: il suffit à l'immortalité de Louis XVI.....; mais il étoit écrit, dans le livre des destinées du monde, que le plus odieux des forfaits seroit enfin consommé !!!!!

Chaque jour venait augmenter les douleurs du meilleur des princes; des agens sti-

l'ignominie; pour conduire les peuples au bonheur ou au malheur, et laisser après vous le transport de la louange ou de l'exécration.

pendiés et lancés tumultuairement par les factieux se répandaient dans les rues, dans les places publiques, sous les fenêtres du château, et faisaient retentir à ses oreilles ce cri funèbre : *la guerre! la guerre!*

« Je suis épouvanté de leur fureur, disait » *Louis;* les insensés! ils veulent la guerre! » Ah! si jamais le signal en était donné, elle » serait longue et cruelle. O *Dieu!* préservez » la France de ce fléau! que ces hurlemens » ne soient point entendus! S'il me faut des- » cendre du *trône*, abandonner ce que j'ai » de plus cher au monde, me voilà prêt; » mais point de guerre! point de guerre!.... »

Quel courage! quelle fermeté! quelle noble et touchante résignation à la fameuse époque du 20 juin! D'un côté un Monarque assiégé dans son propre palais; de l'autre, une multitude égarée par la fureur, et portant l'étendard de la révolte : elle ose proposer à son maître de se revêtir des emblèmes de la faction! De nouveaux *Marcels* (1) placèrent

____

(1) Le perfide Marcel, à la tête des séditieux, entra dans la chambre du Dauphin (depuis Charles V), fit massacrer sous ses yeux les seigneurs de Conflans et de Clermont. Le malheureux prince s'abaissa à demander

sur le chef du petit-fils de *Henri* le chaperon
de la révolte et du déshonneur !!!

« Ecoutez-moi, dit Louis XVI à cette mul-
» titude agitée : j'oppose aux clameurs de
» votre malveillance cette fermeté qui doit
» déconcerter vos projets liberticides..... Le
» Français aimait ses Rois ; qu'ai-je donc fait
» pour être haï, moi, qui les ai toujours por-
» tés dans mon cœur ?.... La Reine, ainsi que
» ma Famille, vous montre ici une rési-
» gnation héroïque ; nous sommes résignés
» depuis long-temps à croire tout possible.
» Notre sort est trop au-dessous de l'envie
» pour que le crime achève ce qu'il a com-
» mencé. Ah ! regardez-moi bien, dit-il à ses
» bourreaux : que vous dit la sérénité de mon
» front, le calme de mon regard ? N'y voyez-
» vous pas la preuve de mon innocence, et
» le sceau de votre criminelle et audacieuse
» rébellion ? » Ainsi parle *Louis*.

L'aurore qui précède le 9 août présage de
mortelles alarmes ; le Roi consolait sa Famille,

---

la vie au prévôt, qui lui donna son chaperon ou capuce
rouge et vert, signal de la faction, et prit celui du
régent.

et rassurait ceux qui tremblaient pour ses jours ;
cependant la terreur est bientôt portée au plus
haut degré, elle devient générale..... Le vertueux Monarque, par un mouvement sponta-
né, s'écrie, comme l'intrépide *Mathieu Molé* :
« Il y a encore loin du glaive du scélérat au
» cœur de l'honnête homme..... Ah ! s'il faut
» une victime pour sauver les Français, je
» m'offre en holocauste.... Mais, grand Dieu,
» épargnez ma Famille........, surtout mon
» peuple....., car leur perte me semble iné-
» vitable..... »

Déjà la nuit a déposé son sceptre ; il semble
qu'elle marche lentement, et qu'elle ne fait
place qu'à regret au soleil du matin ; l'astre
du jour ne darde plus que des rayons obliques
et entrecoupés à travers les brouillards tendus
comme un voile autour de l'hémisphère. Cependant, on entend de toutes parts les cris
d'une tourbe confuse et furieuse : où vont
ces malheureux ? où courent ces insensés ?
Quoi ! ils oseront, dans leur rage criminelle,
profaner de nouveau le palais de leurs *Rois*,
l'asile où repose l'innocence ? Oh ! quel horrible spectacle n'offrent pas ces nouveaux

Catilina (1), ces fils audacieux de la révolte?
Ils osent vociférer des injures contre le meilleur des Rois, le plus tendre des pères! Ces
vautours ravissans contemplent déjà leur
victime, et la dévorent de leurs regards
ensanglantés! Quelques nobles citadins les
arrêtent, les compriment un moment....; mais,
hélas! ils vont être eux-mêmes dévorés par
des antropophages...... Des vampires, altérés
de sang, leur porteront bientôt des coups

---

(1) « Jusques à quand abuserez-vous, Catilina,
» de notre patience? Combien de temps encore se-
» rons-nous les jouets de cette fureur qui vous agite?
» Quel terme auront les emportemens de votre audace
» effrénée? Quoi! ni la garde qui se fait de nuit sur
» le mont Palatin, ni le choix de ce lieu fortifié pour
» assembler le sénat, ni les regards et la contenance de
» ceux qui sont ici, rien de tout cela ne vous a fait
» impression? Vous ne sentez pas que vos desseins
» sont découverts! Vous ne voyez pas que votre conju-
» ration est enchaînée par la connaissance même qu'en
» ont tous les sénateurs? Ce que vous avez fait la nuit
« dernière, ce que vous fûtes, ceux que vous y appe-
» lâtes, les résolutions que vous y prîtes, de qui de
» nous pensez-vous que tout cela soit ignoré?........ »

Cicéron.

mortels, et les attacheront comme un tro-
phée aux portes du château royal.

En vain le *Roi* avait passé la revue de ses
troupes, en vain il avait rappelé aux plus
audacieux leurs devoirs et leurs sermens; la
garde nationale, restée fidèle, se faisait aisé-
ment remarquer par son attitude imposante
et silencieuse........ Quelques cris de *Vive le
Roi !* se firent encore entendre; en un moment
toutes ces troupes rassemblées pouvaient
choisir entre l'honneur et l'opprobre, entre
la vie ou la mort, se couvrir de gloire ou
d'infamie..... ; un instant va tout décider.....

Déjà Louis se précipite.... Ses pas sont ar-
rêtés tout à coup par les cris perçans de la
Reine qui court, vole, se jete à ses genoux,
le conjure, au nom de ses enfans qu'elle tient
entre ses bras, de leur ménager les jours d'un
père adoré, d'un époux chéri. Le prince
essaie inutilement de se dérober à cette scène
déchirante; la mère aux abois, les enfans
tout en larmes se confondent et pressent les
pieds de Louis. La foule, incertaine, entoure
ce tableau de douleur, et enchaîne les efforts
du courageux prince.... Des voix confuses
lui crient que le sang des Français est prêt à

couler : « Arrêtez, leur dit Louis, je suis
» trop avare du sang des Français : que le
» mien vous suffise. »

Ah ! c'est en vain, trop malheureux Roi,
que tu veux épargner le sang de tes sujets ; il
va bientôt jaillir par torrens (1).

Le Monarque se rend au sein de l'assemblée, se présente avec calme, et comprime
en lui-même sa trop juste indignation. Tout
était morne, jusqu'au silence..... Un frémis-
sement involontaire saisit les âmes des
plus coupables mandataires........ « *Messieurs,*
» *leur dit le Roi, je viens ici pour empêcher*
» *un grand crime !* La révolution doit ce-
» pendant avoir un terme..... La mort et la
» destruction ne doivent pas rester ses éter-
» nelles compagnes.... Fut-il jamais, pour
» aucun peuple de la terre, une plus belle
» époque d'organisation sociale ?..... Votre
» père est au milieu de vous, il se confie de
» nouveau à votre foi..... Votre maître est
» encore prêt à pardonner ce nouveau crime...

----

(1) Non, la race des Bourbons est bien éloignée
d'être cruelle.... Ils peuvent se laisser surprendre : c'est
le sort de presque tous les princes ; mais il est dans
leur sang d'être doux et modérés.　　·　Sterne.

» Des mains mercenaires s'arment aujour-
» d'hui contre moi : dans peu de jours
» Messieurs, elles s'armeront contre vous, —
» contre vos femmes et vos enfans... »

Cependant on s'égorgeait au Carrousel ;
les troupes en étaient aux mains ; le château
était rempli de mourans et de blessés.... Assassins, s'écriaient les uns, ce sont des aris-
tocrates, des chevaliers du poignard, s'é-
criaient les autres....On eût dit qu'on n'avait
d'autre désir que de s'entretuer. Les appar-
temens, les vestibules, les escaliers étaient
jonchés de cadavres; le sang ruisselait de
toutes parts. Non, jamais on n'avait vu une
pareille destruction : tant l'animosité qui ré-
gnait entre les partis rendit cette journée
meurtrière !

Un forcené, tenant encore son sabre teint
du sang des fidèles et valeureux Suisses,
osait, dans sa rage frénétique, élever un
regard vers le ciel : « *Dieu*, dit cet énergu-
» mène, a permis que mon nom, qui de-
» vrait être livré à l'infamie pour une telle
» action, soit aujourd'hui même consigné
» dans les annales de la postérité avec hon-
» neur.... grâce à cette immortelle journée !...»

Louis est au pouvoir de ses ennemis les plus cruels ; ils décrètent en sa présence l'abolition de la royauté... ; et ces perfides mandataires lui désignent le Temple pour prison , et ne lui laissent désormais que l'échafaud pour perspective....

Voilà donc cette auguste Famille renfermée dans la tour antique de ce vieux monument.... La Reine y était poursuivie par des pressentimens funestes : « Je ne me repais que d'i-» mages lugubres, disait-elle à la vertueuse » *Elisabeth* ; toutes mes sensations sont dou-» loureuses ; mon esprit n'enfante que des » idées sinistres et cruelles. » Le *Roi* cherchait à se faire illusion à lui-même ; tout lui disait que la grandeur de l'homme ne devait pas se montrer à la petitesse de ce globe ; la vie est pour la moitié du genre humain une nuit orageuse, et pour l'autre elle n'est qu'un instant de sommeil. « Il est donc nécessaire , » pour le bonheur de l'humanité entière , » disait Louis, que cette vie ne soit que l'au-» rore d'un jour éternel ! »

L'ange destructeur planait sur la France. *Dieu*, dans sa colère, avait abandonné son peuple : aussi les méchans triomphèrent-ils.

L'organisation d'un massacre affreux couvrit de *deuil* l'ancienne Gaule : Paris , en un moment , devient une arène de *gladiateurs ;* le sang coule de toutes parts.... Les prisons sont assiégées par d'infâmes *cannibales.* Une princesse, jeune et belle , est déchirée par ses bourreaux ; son cœur, palpitant, dévoré par des furies, et sa tête , où respirait encore la douce sérénité , portée en triomphe sous les yeux de Louis..... Arrêtez, victimes infortunées ; ah ! gardez-vous de jeter les yeux sur ce tableau..... Ces monstres, à face humaine, voudraient vous immoler à l'instant même. Sans la présence d'esprit et la sensibilité d'un commissaire , cette Famille *auguste* allait contempler et reconnaître des traits qui leur furent si chers.... Ah ! pleurons, pleurons, car nous sommes les plus malheureux peuples du monde. Des Français souffrir un pareil attentat , sans avoir la force ni le courage de le réprimer ! demeurer spectateurs muets et dociles ! ne pas oser élever la voix contre un pareil homicide ! Que dis-je? le laisser impuni ! Non, nos neveux ne pourront croire à tant de barbarie et de lâcheté.......

Le *Roi* communiquait encore avec sa Famille; mais, par un raffinement de cruauté bien digne de ces temps désastreux, il se vit tout à coup privé de ses embrassemens. La défiance, mère du soupçon, inspira à cette horde qui l'obsédait sans cesse, l'idée de le séparer de ses affections les plus chères. C'est alors que cet ange de la terre redevient homme un moment : sa fermeté naturelle fut cependant loin de l'abandonner; mais, aux noms si chers d'*Antoinette*, de *Louis-Charles*, de *Marie-Charlotte*, le modèle des pères, le plus sensible des époux, ne peut retenir ses larmes.....

Néanmoins le malheureux prince trouvait dans son esprit, dans ses connaissances historiques, des situations qui lui faisaient supporter plus facilement la sienne. O étude ! que tu es secourable ! L'être que tu favorises de tes dons trouve dans ton sein, pendant sa vie entière, le remède à tous ses maux; la paix de l'âme fortifiait encore la sécurité de Louis.

Au milieu de tant d'horreurs, et sous d'aussi terribles auspices, la convention décrète, aux yeux de l'Europe étonnée, qu'elle allait s'occuper du procès de Louis. Un peuple

(31)

égaré et furieux ne s'arrête jamais dans ses
excès. Le *Roi* connaissait ses ennemis, et ne
se dissimulait plus sa situation...... Il savait
qu'un prince détrôné ne doit plus attendre
que la mort.... « Je subirai, disait-il, le sort
» de Charles Ier, et mon sang coulera pour
» me punir de n'en avoir jamais versé..... »

Cependant ces législateurs - félons s'ar-
rogent les fonctions de juges suprêmes, et,
dans leur criminelle audace, ils osent plus
encore : — ils condamnent leur *Roi* au nom
de la nation dont ils se déclarent les mandataires. Certes, la nation était loin de leur
avoir délégué de tels pouvoirs.... Aussi la
consternation fut-elle générale dans tous les
départemens : chacun aimait, chacun res-
pectait Louis XVI. On se rappelait ses bienfaits, et l'on plaignait ses infortunes.... Mais
de toutes parts on invoquait la vengeance la
plus éclatante contre ces barbares meurtriers.

La capitale donna dans ces jours malheureux un grand exemple...... L'œil le plus ob-
servateur pouvait donner la conviction que
la plupart des habitans de *Paris* étaient
étrangers aux perfides menées de tous ces
novateurs impies. Chacun se regardait en

silence, et se contentait de gémir ; la populace seule accompagnait Louis XVI lorsqu'il se rendit à la barre de cette assemblée illégale. Ce malheureux prince n'ignorait point qu'il retournait vers l'ennemi le plus acharné et le plus impatient de le vouer au supplice qui n'est réservé qu'aux plus grands criminels.

Dans ces pénibles instans d'un deuil aussi général, personne n'osait laisser soupçonner sa pensée. Les vœux les plus ardens pour le salut de Louis XVI restaient muets au fond des consciences épouvantées.

Les tyrans, que le silence de la stupeur semble encourager, ne connaissent plus de bornes à leur criminelle audace ! La rébellion est déclarée ; ils sont maîtres du pouvoir, et décident entr'eux du sort de l'infortuné. Ah ! malheur à l'innocent sur qui ce pouvoir satanique va s'exercer désormais ! La politique, à l'œil morne, est en défiance, et les conjurés se contemplent ; la partie saine et juste de l'assemblée, c'est-à-dire le plus infiniment petit nombre, veut sauver le *Roi :* les ennemis du trône s'agitent en tous sens pour jeter la terreur dans les es-

prits. Les députés faibles se laissent surprendre ; les uns sont comprimés par la
crainte , les autres ne consultent que leur
haine personnelle. C'est alors que le schisme
le plus scandaleux éclate de toutes parts.
Les uns votent pour la mort; ceux-ci ré-
clament un sursis à son exécution; quelques
voix veulent en appeler au *peuple souverain ;* mais comment servir le vrai *Dieu ,*
en offrant un encens illicite à *Baal ?* Comment déclarer *Louis* coupable, et vouloir
ensuite soumettre le jugement à la sanction
du peuple ? — Ah ! certes , si ce problème
eût été donné à résoudre à l'immense ma-
jorité des Français , il en est peu qui
n'eussent proclamé hautement l'innocence
du Roi persécuté, et la punition immédiate
de ses féroces assassins.........

Le Juste est donc condamné à une plu-
ralité très-équivoque de cinq voix !!! Pour
un coupable ordinaire , la justice régulière
aurait été fort indécise.... mais pour un père,
que dis-je ? pour un monarque qui possé-
dait toutes les vertus , elle n'eût aperçu de
coupables que dans les opinans pour la mort.

Comme homme privé, *Louis* n'eut pas

un défaut ; comme *Roi*, il fut peut-être trop bienfaisant.... Le ciel, dans sa sagesse, destina le DUC DE BERRY pour gouverner la France ; mais *Dieu*, dans sa colère, a voulu lui-même renverser l'édifice qu'il s'était plu à créer.......

Leçon terrible pour les peuples! aussi, depuis cette fatale époque, *l'ange* de la mort n'a-t-il cessé de planer sur la France !!!

La résignation du pieux monarque, dans ses derniers momens, est au-dessus de toute admiration. Ses plus cruels bourreaux s'écrièrent même : Louis XVI nous ferait chérir la vertu! Les remords sont quelquefois utiles : ils disposent le méchant au repentir ; mais les farouches geôliers de Louis l'accablaient chaque jour du poids de leur nouvelle puissance. — *Hébert*, l'odieux *Hébert* ne put retenir ses larmes, en voyant avec quelle fermeté héroïque la victime écoutait un jugement non moins inique que scandaleux. Le *Roi* ne proteste point, comme *Charles* Ier, contre son illégalité. Il en appelle seulement au Maître souverain qui nous doit juger tous. — Il se borne à demander trois jours pour se préparer à paraître devant son Créateur ; — la froide et barbare rigueur les lui refuse...

Il se recueille intérieurement, n'ayant plus rien à espérer des hommes. La religion seule lui prête son appui : le propre du vrai chrétien est de sentir ses divines inspirations, et de savoir en même temps y puiser des consolations contre l'injustice des méchans. — « La vraie grandeur, disait *Louis*, est d'a- » voir en même temps la faiblesse de l'homme » et la force de *Dieu*. »

Bientôt il demande un confesseur, non que l'éternité l'effraie ; la vie n'est pour l'homme vertueux que le passage qui y conduit : il y entrevoit déjà une renaissance nouvelle et inaltérable. Là il peut défier les traîtres, les parjures : leurs atroces vociférations ne peuvent plus l'atteindre. Il est au sein de l'éternel repos...... « Mais ici bas, dit-il, la punition du méchant n'est souvent différée que pour devenir plus terrible..... » Un instant après il s'écrie : — « O Providence sage et bienfaisante ! Providence ! Non, je ne profanerai point l'air de mes plaintes : le coup s'apesantira sur ma tête ; — mais puisse-t-il épargner mon peuple !.. » Il finissait à peine ces dernières paroles lorsque le prêtre arriva. La cérémonie du sacrement qu'il invoquait eut quelque chose d'auguste et d'édifiant. A la voix du ministre sacré qui venait d'entendre l'aveu des faiblesses de l'infortuné *monarque* , et qui s'était joint à lui pour implorer la miséricorde divine , il semble que les portes du ciel s'ouvrent déjà pour le recevoir ; son visage calme montre l'expression de la plus douce résignation ; il cherche à consoler sa famille , et s'attendrit en voyant pour la dernière fois la Reine et ses enfans : néanmoins il cherche à rappeler son courage pour s'élancer dans la vie éternelle.

La résignation fortifie l'espoir consolateur d'une autre vie. « Voilà, fils de saint Louis , » lui dit son confesseur, en élevant les mains » au ciel, ce qui peut faire le vrai bonheur » sur cette terre fragile et périssable ; il ne » vous est plus permis de vous abandonner » à aucun sentiment de plaisir et de conso- » lation. Qu'est-ce que l'existence terrestre ? » Un deuil continuel, un lit d'agonie, où le » bruit perçant de cette cloche funèbre, sans » cesse agitée par la main du trépas, vient » avertir l'homme de son heure dernière. —

» Des pleurs, des soupirs, voilà le partage
» de la triste humanité. » Et ce digne prêtre
laisse échapper quelques larmes !......

Cependant, le plus auguste des mystères
commence. *Louis* y apporte la plus touchante piété. Il s'identifie, pour ainsi dire,
avec son Créateur. Ce modèle des Rois, le
plus vertueux d'entre les hommes, est au
moment d'être immolé. De trop coupables
régicides préparent, dans le silence, l'échafaud d'où leur maître doit s'élancer ce jour
même dans le sein de l'immortalité.

Durant la journée du 21 janvier 1793, la
nature semblait enveloppée d'un voile sépul-
cral, et fuyait l'éclat du jour. Sa sombre clarté
offusquait jusqu'à la vue. La capitale surtout
ressemblait à une solitude affreuse ; tout y
était dans l'abattement et la stupéfaction,
hormis le lieu où une scène de désolation et
d'abomination allait se passer......... Voyez
Babylone pleurant déjà sur sa future destruction........... Cette moderne *Ninive* doit
craindre, plus que jamais, d'être engloutie ;
car la mort de son Roi en a déjà sapé les
fondemens : toutes les places de cette immense capitale sont désertes........ L'intérieur

des maisons offre des tableaux pénibles et touchans. Là des vieillards, accablés sous le poids de la douleur, n'interrompent leur morne silence que par des sanglots entrecoupés, et leurs débiles mains s'élèvent vers l'Eternel pour le supplier de détourner ses foudres. — Ici les mères, dans leur douleur muette et profonde, refusent la subsistance aux enfans qu'elles allaitent; la source de la vie est tarie chez elles; ces femmes sensibles succombent à leurs douleurs. En vain de jeunes filles timides cherchent à deviner la pensée de l'auteur de leurs jours; une fureur sombre et taciturne leur présage les maux de leur patrie. Ah! gémissez, filles de Sion; *le sang des Rois ne coule point impunément.* Une main sacrilége va rompre, en un instant, le pacte qui enchaîne les nations. L'oint du Seigneur va être profané; le plus juste des justes succombera sous les coups de coupables régicides!........ et sa chute peut préparer de proche en proche le bouleversement des empires!!!

Il est cinq heures. — Le son du tambour rappelle, de toutes parts, les timides Parisiens; les factieux se répandent dans les rues

et les carrefours ; ils prononcent que qui-
conque proférera ces mots : *Grâce pour
Louis*, sera fusillé à l'instant. Hélas ! ce cri
était dans tous les cœurs ; mais la crainte
dans les uns, le désespoir chez les autres, pa-
ralysait tous les efforts. Chacun semblait, si
j'ose m'exprimer ainsi, frappé de vertige, tant
la douleur générale était profonde, tant
l'énormité du crime qui allait se commettre
comprimait les âmes, beaucoup trop dou-
loureusement affectées, pour exprimer le
moindre mouvement.

Louis sort du Temple. La voiture le traîne
lentement à l'échafaud. Une double haie de
gardes l'environne. Des canons sont braqués
sur tous les points que le cortége sanguinaire
doit parcourir ; les mèches fumantes menacent
de la mort, au moindre signe, cette immense
population. L'aspect de la capitale où résident
le crime, la fausseté, l'orgueil, l'imposture et
l'atrocité, offrait aux regards étonnés une for-
teresse imposante, composée d'asiles multi-
pliés, dont le plus grand nombre renfermait
des malheureux écrasés par l'opulence factice
des prétendus patriotes (1), toujours acquise

____

(1) Le nom de patriote, qui ne devait désigner que

aux dépens de l'honneur et de la probité...... Ce jour nébuleux laissait à peine entrevoir quelques nuages amoncelés. L'astre du jour pâlit ; une obscurité soudaine envahit l'horizon, et, se déployant par degrés, ensevelit sous ses teintes noirâtres la plus belle des cités...... La nature, en deuil, pleure déjà sur la destruction de tant de fidèles Français qui, comme leur Souverain, seront sacrifiés à la froide et atroce politique de ces nouveaux *Sylla*.

« Je dois effacer de cruels souvenirs, » disait Louis XVI, en récitant les prières » des mourans : ma religion me le commande ; » c'est à la modération des victimes à dou- » bler le supplice des bourreaux : mon par- » don augmentera leurs remords. Que de » tourmens n'auront-ils pas à supporter, en » entendant les paroles de paix de celui qu'ils » vont assassiner !!! »

Cependant on arrive à la place de *Louis XV*,

---

des citoyens vertueux et amis de l'humanité, a été prodigué en France à des hommes qui se sont tellement rendus odieux par leurs crimes, qu'il est à craindre qu'à l'avenir ce titre ne soit redouté comme le signal du meurtre et du pillage.........

l'auguste descendant de tant de *Rois* reçoit la bénédiction dernière de son confesseur..... Déjà la victime est ceinte de l'auréole du martyre; le digne abbé *Edgeworth*, qui l'assiste dans ses derniers momens, s'écrie, avec un pieux enthousiasme : « *Fils de saint Louis,* » montez au ciel! » Paroles sublimes et consolantes !

Le Monarque veut encore parler à ses peuples pour la dernière fois, non qu'il cherche à les attendrir sur son sort : Je suis innocent, leur dit-il d'une voix ferme et assurée; puissiez-vous être heureux! Puisse l'effusion de mon sang sauver les Français!.... Un affreux roulement se fait entendre à l'instant, l'heure, l'heure fatale est sonnée.... Ah! dit-il : *Mors solo, vita cœlo* (1). A l'exemple de notre divin maître (2), *Louis* est étendu

---

(1) En mourant pour la terre , je revis pour le ciel.

(2) Un père de l'Eglise nous donne une grande idée de la constance de J. C., par la réponse suivante; pour l'entendre, il faut se rappeler une circonstance de la vie d'*Epictète*. Un jour son maître, irrité de son sang-froid, lui cassa la jambe. Ne vous l'avais-je pas bien dit que vous casseriez cette jambe? Un philo-

sur la planche de douleur, et les mains liées, il reçoit à l'instant le coup mortel....

O Soleil, âme des Mondes qui nous environnent, miroir fidèle de ton Créateur, obscurcis-toi pour toujours; Terre, entr'ouvres tes entrailles pour engloutir dans ton sein les infâmes qui viennent de se souiller par le plus grand des forfaits! Les monstres ont osé répandre le sang illustre du plus vertueux, comme du plus bienfaisant des Rois!!!

Sa tête auguste, sur laquelle s'est peinte l'image touchante de l'immortelle espérance, est aussitôt montrée en spectacle à cette multitude impatiente de nouveaux crimes; comme on fit de ceux de Jésus-Christ (1), chacun

---

sophe opposait cette histoire aux chrétiens, en disant : Votre J. C. a-t-il rien fait d'aussi beau à sa mort? Oui, dit saint Justin, il s'est tu.

(1) *Portrait de J. C. que Publius Lentulus, gouverneur de la Judée, fit passer au Sénat.*

Il y a à l'heure qu'il est, en Judée, un homme d'une vertu singulière, qu'on appelle *Jésus-Christ.* Les barbares le croient prophète ; mais ses sectateurs l'adorent étant comme descendu des Dieux Immortels. Il ressuscite les morts, et guérit toute sorte de maladies par la parole ou par l'attouchement : il est d'une taille grande et bien

se partage les habits de *Louis*, son sang est recueilli comme un objet de vénération par les uns, et un motif d'accusation pour les autres; ses cheveux sont mis à l'encan, mais le motif en est si pieux !!!!

En un clin-d'œil tout ce qui avait appartenu au *Roi martyr*, devient la propriété et

---

formée; il a l'air doux et vénérable; ses cheveux sont d'une couleur qu'on ne saurait guère comparer; ils tombent en boucles jusqu'au dessous des oreilles, et se répandent sur ses épaules avec beaucoup de grâce, partagés sur le sommet de la tête à la manière des Nazaréens. Son front est uni et large, et ses joues ne sont marquées que d'une aimable rougeur; son nez et sa bouche sont formés avec une admirable symétrie; sa barbe est épaisse et d'une couleur qui répond à celle de ses cheveux: descendant d'un pouce au-dessous du menton, et se divisant vers le milieu, elle fait à peu près la figure d'une fourchette. Ses yeux sont brillans, clairs et sereins. Il censure avec majesté, exhorte avec douceur : soit qu'il parle, ou qu'il agisse, il le fait avec élégance et avec gravité; jamais on ne l'a vu rire, mais on l'a vu souvent pleurer. Il est fort tempéré, fort modeste, et fort sage. C'est un homme enfin qui, par son excellente beauté et ses divines perfections, surpasse les enfans des hommes.

de ses admirateurs religieux, et de ses assas-sins sacrilèges....

L'ange de la mort annonce à l'univers qu'un grand forfait vient d'être consommé......(1) Que la *France* est coupable ! Non, la *France* est innocente de ce mystère d'iniquité, et la saine partie s'écrie aujourd'hui avec la plus douloureuse amertume :

O jours désastreux ! jours effroyables, où retentit tout à coup, comme un éclat de la foudre, cette étonnante nouvelle : *Louis XVI* est condamné, *Louis XVI* est mort...... Le régicide est le crime d'une minorité factieuse ; et pourtant la *Divinité*, qui ne laisse rien d'impuni, nous a tous indistinctement et cruel-lement châtiés : *Castigans castigavit me Dominus, et morti non tradidit me* (2) ; et Louis XVI a été vengé par celui qui seul a le droit de juger les Rois.

------

(1) Si la mort de *Germanicus* eût été naturelle, Rome n'aurait été plongée que dans la douleur ; mais comme on y soupçonna du poison, les yeux se tour-nèrent avec effroi sur les monstres qui les gouvernaient, et la douleur fut mêlée de consternation.

(2) Le Seigneur nous a sévèrement châtiés, mais il n'a pas voulu nous livrer à la mort.

Ces restes précieux furent déposés de suite au cimetière de la Madeleine ; nulle pompe n'accompagna sa dépouille mortelle. Les barbares ! ils n'accordèrent pas même un instant de repos à ce corps palpitant qui les accusait encore de parricide ; l'outrage et le mépris le suivirent jusque dans la tombe, où un lit de chaux dévora ses chairs et une partie de ses précieux ossemens : ce spectacle déchirant ne quitte pas facilement l'esprit du sage ; ses regards ont suivi *Louis* jusqu'au tombeau, il entend rouler le cercueil dans la fosse, et ce bruit le fait frémir.... Mais un spectacle consolant se découvre à lui, la Religion, sur ses ailes ardentes, transporte l'âme du saint Monarque au-delà des temps et des lieux. Les scènes ravissantes qui font la félicité des bienheureux dans l'immortel séjour, lui montrent les couronnes qui attendent *Louis* ; c'est ainsi que la Providence réveille, par l'image de la mort, l'âme qui sommeille, ou s'égare dans la dissipation et les plaisirs qui étouffent toutes semences de vertu, et bannissent entièrement l'idée du Créateur, et de son infinie bonté.

Nous avons perdu le meilleur des *Rois* (1) ;

______

(1) J'ai vu la vertu aux prises avec l'iniquité ; elle

ses cendres saintes reposent dans une tombe étroite. Ah! venons tous pleurer sur cette terre encore humide de son sang; venons-y jurer, à la face de *Dieu* et des hommes, de nous pardonner mutuellement nos trop longues et trop coupables erreurs; imitons saint Louis, second du nom : il pardonna à ses ennemis; imitons, dis-je, son digne successeur (1), qui, le Testament du martyr à la main (2), vient

---

lutttait, et il (Dieu) était sa force; elle cédait, et il était sa douceur; elle souffrait, et il était sa résignation; elle succombait; et tandis que des insensés applaudissaient à sa chute déplorable, j'ai vu l'immortelle espérance briller dans ses regards éteints, et son front auguste se couvrir, en tombant, de toute la majesté de celui dont elle est la plus noble et la plus touchante image.   M. BERGASSE.

(1) *Sicut divisiones aquarum, ita cor Regis in manu Domini : quòcumque voluerit, inclinabit illud.*

Le cœur des Rois est dans les mains du Seigneur, comme une eau courante; il le fait tourner du côté qu'il veut.   PROV. 21.

(2) « Je pardonne de tout mon cœur à ceux qui se sont faits mes ennemis, sans que je leur en aie donné aucun sujet; et je prie Dieu de leur pardonner, de même qu'à ceux qui, par un faux zèle ou par un zèle malentendu, m'ont fait beaucoup de mal. »

                    Testament de LOUIS XVI.

encore, pour la seconde fois, d'accorder un pardon généreux à ses fils égarés... L'univers le contemple, et l'ombre auguste, dont il occupe la place, applaudit du haut des cieux à ce grand acte de modération. Evitons, Français, une coupable récidive, elle serait bien funeste (1)! car, vainqueurs ou vaincus, tous dormiraient bientôt du sommeil de la mort, sans pouvoir dire : *Exultabunt ossa humiliata.*

O *Louis !* si tu reparaissais au milieu de nous, quels seraient ton étonnement et peut-être ta douleur!

Ton auguste famille vient de remonter une seconde fois sur le trône de ses illustres aïeux. La moderne *Antigone* nous édifie chaque jour par ses vertus aussi touchantes que sublimes. Mais, hélas! quelles épreuves n'a-t-elle pas déjà subies ?.... Ah! fille des Rois, le courage ne te fut jamais étranger; par lui, tu t'es

---

(1) Souvent les diverses opinions arment les hommes les uns contre les autres, jusqu'à leur entière des-truction ; et le Souverain Maître de tous, pour main-tenir le monde, aurait dû assigner à chaque individu une planète pour la gouverner, sans sujets et sans contradicteurs.

montrée supérieure aux événemens ; tu as mérité l'application de ces paroles sentencieuses : « Rien n'honore plus l'homme que » des malheurs soutenus avec constance, et » des sentimens supérieurs à l'adversité. »

Mânes bienheureux ! Mânes respectés, s'il vous est possible de veiller sur votre auguste Famille ; si, dans le séjour du bonheur, il vous est encore permis de penser aux mortels, Louis, vertueux Louis, priez pour les Français !!!!

. . . .

. . . .

. . . .

A peine avais-je achevé cette invocation, que j'élevai les yeux et les mains vers le ciel, et me prosternai religieusement sur un petit tertre, revêtu de gazon, parsemé de pensées et couvert d'immortelles. C'est là, me dis-je, la fosse sacrée qui recèle les cendres de Louis XVI et de son infortunée compagne.

C'est aujourd'hui l'anniversaire de sa mort.... et la vingt-troisième de sa béatitude.

La Nature, drapée de noir, est ensevelie, autour de moi, dans un silence profond. Des ténèbres affreuses couvrent cette capitale ;

tout est dans l'inaction. La mort semble avoir
dépeuplé la face de la terre, et répandu la
terreur sur le globe de l'univers, couvert
d'ombres froides et inanimées. O saint martyr!
m'écriai-je, ton triomphe a percé la nuit du
tombeau, et tu en es sorti resplendissant
comme un *astre*. Des couronnes et des palmes
immortelles t'attendaient dans l'éternité. Tu
as entendu, à ton entrée dans le ciel, des
chœurs d'anges, qui suspendirent leurs
hymnes célestes, pour élever en ton honneur
des cris d'allégresse. Les *chérubins* et les
séraphins ont étendu leurs ailes éblouissantes
et ont posé sur ta tête royale le lis, *symbole
de ton innocence*. Ah! puisse-t-il désormais
être la tige de notre union, le seul et unique
signe distinctif de tous les bons Français!

A peine achevais-je ces mots, que je vois
descendre, sur un trône de nuées, une forme
lumineuse. A sa beauté éclatante, à sa stature
majestueuse, je reconnais un être d'une nature
supérieure à la mienne. Le trône s'arrête à la
hauteur des nuages. L'ange se lève, et des-
cend sur le vague des airs, qui frémissent
doucement sous ses pas; peu à peu il resserre
ses ailes brillantes, diminue d'éclat et de

taille, pour se mettre à la portée d'une mortelle.... Mon âme se trouble à la vue de cette
vision surnaturelle, et mes esprits restent en
extase devant ce messager du ciel.

« Tu vois, me dit-il, un des *anges* que le
» Tout-Puissant a créés pour la garde des
» mondes. Réserve-lui tes adorations; je ne
» suis que son ministre. »

Tout à coup il s'écrie : Champ du dépôt
de la cendre du plus vertueux des Rois et de
son immortelle compagne, un monument sera
élevé dans ton étroite enceinte, qui attestera,
aux générations présentes et futures, et la
grandeur du crime et le sincère et pieux
repentir.

« Le temps amène d'étranges choses, dit
» cet esprit supérieur ; c'est un crime que de
» résister à ce qu'il a plu à la Providence
» d'ordonner. »

« Hé ! quel génie malfaisant s'est donc tant
» agité pour répandre d'aussi funestes in-
» fluences sur la France? quel démon y a
» vomi le crime? quel monstre y a promené
» la dévastation et la mort? En est-il donc
» plus d'un qu'on doive accuser? »

Et d'un son de voix extraordinaire il

ajoute : « O fléau de Dieu ! ô guerre ! quand
» cesseras-tu de ravager l'Europe ? ô glaive
» du Seigneur, levé depuis long-temps sur
» les peuples, ne te reposeras-tu pas encore?

» Hélas ! malheureuse *France*, le moderne
» *Attila* est terrassé ; mais pour être délivrée
» de cet ennemi, ne t'en reste-t-il pas assez
» d'autres sans tourner tes armes contre toi-
» même? Quelle fatale influence t'a portée
» à répandre tant de sang, et à perdre tant
» de vaillans hommes qui eussent pu te rendre
» de nouveau l'arbitre du monde entier?

» *France*, jadis la gloire des nations, une
» partie essentielle de ton territoire est occupée
» par les troupes alliées; elles te garantissent
» de tes propres fureurs ; mais tes départe-
» mens sont aux abois.... L'affreuse Discorde
» agite encore les esprits : il en est qui, dans
» leur criminel délire, osent encore se flatter
» d'une nouvelle réaction... O peuples ! la pos-
» térité ne pourra croire à tant de malheurs.
» Quoi! vous vous dévorez entre vous ! Sem-
» blables à ces tigres altérés de sang, qui se
» jettent sur leur proie avec fureur, vous pros-
» crivez, vous vouez à la mort ceux de vos
» frères dont les opinions sont en opposition

» avec les vôtres ! Vous minez sourdement
» la monarchie....; et c'est sans doute pour
» vous ensevelir sous ses ruines, que vous
» voudriez couronner toujours le vice et
» proscrire la vertu. »

Je pleurai sur les maux qui menaçaient
encore ma patrie, et m'écriai : Vos vengeances, ô mon *Dieu !* ne seraient-elles pas
encore accomplies, et n'auriez-vous donné
qu'une fausse paix aux hommes?

La voix de l'ange me répond :

« *Louis*, l'immortel *Louis*, offre journel-
» lement des vœux à l'Eternel pour que les
» Français ne forment qu'une famille : c'est
» en vous ralliant tous à votre digne souve-
» rain (1), que vous apaiserez la rage de
» quelques hommes égarés ; rappelez-vous
» les funestes dissensions de vos voisins, et

---

(1) *Apprehendit te ab extremis terræ, et longinquis
ejus vocavi te, elegi te, et non abjeci te : ne timeas,
quià ego tecum sum.*

« Je t'ai pris par la main, pour te ramener des extré-
mités de la terre ; je t'ai appelé des lieux les plus éloi-
gnés ; je t'ai choisi, je ne t'ai pas rejeté : ne crains
point, parce que je suis avec toi. » C'est Dieu même
qui parle ainsi.

» profitez de leur terrible exemple. La fac-
» tion de la *Rose rouge* et celle de la *Rose*
» *blanche*, etc., mirent l'Angleterre à deux
» doigts de sa ruine : qu'il n'en soit pas ainsi
» parmi vous. Eh ! que vous importe la vio-
» lette ou l'œillet ? Ne regardez ces dons de
» la nature que comme un des présens de la
» Divinité : gardez-vous donc de les porter
» comme un signe distinctif. C'est par l'hon-
» neur , par la modération que l'on ramène
» les hommes, et surtout les Français, à
» l'union. Ah ! pénétrez-vous bien d'une
» cruelle vérité, dit l'ange en me lançant un
» regard imposant : cette ligue si laborieu-
» sement tramée entre tant de princes, et
» qui réunit tant d'intérêts différens, avoit
» pour premier but d'abaisser vos vain-
» queurs. Là, se sont rassemblés tous les
» ennemis humiliés de votre gloire, fatigués
» de votre joug , ou aspirant à vos dépouilles;
» c'est là qu'ils sont venus mettre en com-
» mun leurs affronts et leurs vengeances.

» L'aigle d'un empire éphémère , si ter-
» rible en naissant , est venu à *Waterloo*
» expier ses anciens ravages. Il a perdu de-
» vant toute l'Europe réunie la fierté de son

» vol, et n'a plus étendu ses ailes que pour
» fuir devant ses propres étendards, sur ce
» champ d'honneur et de mort. De vieux
» soldats, compagnons de ses victoires,
» pleuroient appuyés sur ces mêmes armes
» qui avoient triomphé de cette même *Eu-*
» *rope.* Vous vous éleviez de vos prospérités
» passées; et ne savez-vous pas, mortels,
» que l'orgueil des empires est toujours le
» premier signal de leur décadence?

» Cependant, ajoute l'ange protecteur, la
» *France* avait peu d'ennemis qu'elle n'eût
» vaincus; pas un allié qu'elle n'eût soutenu;
» pas un rival qu'elle n'ait fait trembler!!!
» Que manquait-il à tant d'avantage et de
» gloire, que de faire céder l'ambition d'ac-
» croître ses conquêtes au talent de les con-
» server?... . »

O mon pays, mon pays, dis-je encore, que
sont mes peines personnelles comparées à
celles que tu souffres! ce sont tes malheurs
qui déchirent mon âme.

Tout à coup mes sens se glacèrent d'hor-
reur.

Et l'ange me dit : « Servir sa patrie n'est
» point un devoir chimérique, c'est une
» obligation sainte. »

« L'avenir vous reste : il est du moins en
» votre puissance. Ah ! gardez-vous d'avoir
» à regretter une perte aussi précieuse ! pro-
» fitez donc de tous ces momens si rapides.

. » Il seroit perdu ce peuple aveugle, s'il
» ne reconnoissait pour son *unique palla-*
» *dium et la Charte et son Roi* : Il verrait
» bientôt les flammes consumer les faubourgs
» de sa superbe capitale ! il serait perdu !...
» Des monceaux de pierres fumantes se-
» raient les avant-coureurs de ce qui arrive-
» rait à la reine des cités , si, continuant de
» se livrer à des insinuations séduisantes ,
» mais toujours mensongères, il restait dans
» une coupable insouciance. — On sommeil-
» lerait encore long-temps au bord du pré-
» cipice. »

L'ange s'arrête à ces mots : il me remet
des tablettes où étoient gravés divers signes ;
il m'en donne la clé en me faisant promettre
de publier cette mystérieuse vision (1) , avec
tous ces détails auxquels il en ajoute encore ,
et me dit... « L'année 1816 et les suivantes pro-

---

(1) O patrie ! patrie, que tu es puissante, et que
tu sais donner de courage! Qui peut te résister ?

mettent à la France de grands et mémorables événemens... »

Dès que l'ange eut cessé de parler, il déploya ses ailes éclatantes, et remonta vers son trône aërien. Une lumière brillante sillonna les nuages, les rendit transparens, et les conforma en un char de feu éblouissant. Ce spectacle imposant et majestueux ne sortira jamais de ma pensée.

Je parcours ces tablettes mystérieuses, composées de cinq feuillets, et je lis distinctement sur le premier :

« Si des complots, ourdis dans le silence
» des nuits, et par des fils ingrats, etc.... rece-
» vaient leur exécution, ah ! c'est alors que
» l'on verrait vos provinces, déjà désolées
» par les guerres, livrées de nouveau à des
» ravages et à une destruction entière : la terre
» n'aurait plus de moissons ni de cultivateurs ;
» elle serait partout arrosée de sang, et cou-
» verte de cadavres : partout on repousse-
» rait la force par la force, et le meurtre par
» le meurtre ; on ne pourrait lire qu'avec des
» larmes de sang l'histoire de vos temps mal-
» heureux, où cette belle et antique Gaule
» n'offrirait dans toute son étendue qu'un vaste

» théâtre de brigandages et de ruines, sans
» entrevoir le terme des calamités du plus
» faible, ni des cruautés du plus fort. Hélas!
» la France démembrée aurait dans son sein
» un ennemi puissant et implacable (l'hor-
» rible famine), prêt à en dévorer les restes ;
» les fléaux domestiques se joindraient bien-
» tôt aux désastres publics : les habitans des
» campagnes et des villes succomberaient
» indistinctement sous le poids des plus inexo-
» rables exactions, encouragées par l'impu-
» nité que les malheurs publics laissent tou-
» jours entrevoir; de nouveaux soulèvemens
» agiteraient tous les points du royaume; et
» *Lutèce*, l'antique *Lutèce*, n'offrirait plus,
» aux yeux du spectateur effrayé, que les
» ruines de l'orgueilleuse *Athènes*, indiquant
» à peine à la postérité que jadis la plus im-
» posante des capitales étoit là. »

Deuxième feuillet.— « Cependant le calme
renaîtra, les vents cesseront de souffler:
chaque chose reprendra sa place.

L'ange, ministre des foudres célestes, lan-
cera contre les traîtres un trait imprévu.

Noxia nocenti, les méchans se prennent
à leur piéges.

L'excès du malheur donnera l'excès du courage; l'être le plus faible pourra, dans son désespoir, exécuter les choses les plus difficiles.

Et tout fera comparaison, tout aura son application.

Il faudra plus de temps pour condamner l'opinion d'un grand homme, que celle d'un peuple entier.

Le faible roseau plie, sans succomber, sous les efforts d'un vent impétueux : il en est de même de l'homme qui s'humilie en présence du Tout-Puissant. »

Troisième feuillet. — « Le bien est difficile à faire : mais beaucoup plus encore chez les peuples légers, que chez tous les autres.

Car le plus terrible des ennemis s'y oppose, l'impétueuse intolérance.

Il dépend d'eux, bien plus que de moi, de mettre fin aux maux qui les accablent, de rétablir le calme dans leur sein.

Car tel est l'aveuglement des mortels, qu'ayant de tout temps reconnu deux génies maîtres du monde, ils ont toujours cru celui du bien plus puissant que celui du mal, tandis que ces deux ennemis combattent à forces égales.

Vous verrez, dans diverses contrées, les esprits agités par de violens débats, et l'intérêt public aux prises avec les intérêts particuliers.

Vous verrez les méchans s'élever avec fureur contre le bien, car il leur est nuisible, et ils préfèrent les ténèbres à la lumière. »

Quatrième feuillet. — « Mais grave ces paroles dans ton cœur, et que ta bouche les annonce aux mortels.

Si les peuples de ce vaste royaume persévèrent dans la noble fermeté que donne le bon droit, et que leurs ennemis ne sauroient avoir ;

S'ils apportent toujours dans le choix qui doivent les représenter la plus scrupuleuse attention de n'élire que les plus sages, les plus éclairés, et dont les avis seront comptés par tête ;

Si leur maître (1), convaincu qu'eux seuls

______

(1) Quoi ! sont-ce des flatteurs que demande Louis ?
Il demande, Français, nos soutiens, nos appuis :
Dans leurs cœurs généreux sa tendresse infinie
Ne veut qu'interroger l'amour de la patrie.
S'il n'en croit pas assez sa tendresse et ses yeux,
S'il cherche des conseils, c'est pour vous rendre heureux.
EPIT. AUX NOTABLES.

font sa puissance, ne se lasse point de leur accorder la protection paternelle qu'il leur doit,

Alors tu verras le calme succéder à l'orage, et ces contrées reparaître dans leur antique splendeur.

Des secours extraordinaires seront accordés aux besoins pressans du gouvernement; mais on élèvera des barrières insurmontables contre la déprédation des comptables infidèles

Et les nouveaux subsides seront répartis sur toutes les têtes solvables, proportionnellement aux facultés de chaque individu (1); mais il faut dégager le commerce de toutes les entraves qui pourroient nuire à son accroissement et à sa prospérité.

Alors toutes les nations seront accueillies par le peuple, qui passe pour le plus poli du monde; elles pourront s'établir au milieu de lui, et jouir des droits communs à tous les citoyens.

____

(1) Espérez de *Louis* ; il aime ses sujets ;
Mais n'allez pas former d'inutiles souhaits ;
Et croire qu'épuisé par tant de mains avides,
L'Etat puisse alléger le poids de vos subsides.

ÉPIT. AUX NOT.

Et chacun sera libre, un peu plus tard, de rendre public le fruit de ses réflexions, car la vérité n'a point de maître ; et les lumières sont plus utiles aux hommes, que la vile flatterie et la superstition mensongère.

Et votre souverain dira : nous n'avons point imaginé de vengeance plus cruelle de tout le mal qu'ils nous ont fait, que d'achever le bien que nous avions déjà si heureusement commencé.

Et l'abondance renaîtra parmi vous, et vous tromperez de coupables espérances.

En profitant des bienfaits de l'amnistie ; en vous rappelant que vous êtes nés Français, *et dignes de l'être*, vous conserverez encore votre patrie !! !!! »

Cinquième feuillet — Ici quelques mots étaient indéchiffrables : tout ce que je pus interpréter le mieux, c'est que Louis-le-*Désiré* et son auguste Famille étaient nés pour faire le bonheur de leurs enfans, — et qu'un temps viendra, que ce temps ne peut être éloigné, où les petits-fils du bon *Henri* réaliseraient de point en point les promesses de leur auguste aïeul.

Et ils diront aux autres nations : « Nous » sommes maîtres chez nous, quelquefois

» chez les autres , ne nous en faites pas res-
» souvenir..... »

Car la France entière , au premier cri de
son Roi, viendrait se rallier à son *panache
blanc*. C'est la cause de l'honneur qu'il fau-
drait défendre.... et vos *braves des braves*
n'ont besoin que du premier signal.

Mais heureusement pour vous le temple
de *Janus* est fermé ; l'Europe est en paix :
ah ! puisse-t-elle être durable, et pour l'honneur et les vrais intérêts de tous les peuples ,
et pour votre prospérité et tranquillité inté-
rieure ! ! !.....

Mais l'ombre de Louis vous est restée ; son
auguste et digne successeur vous en retrace
l'image vivante ; et sa présence vous rappelle
ces paroles du livre de Dieu : « *Tant que vous
serez unis , je serai au milieu de vous.* »

Ah ! qui pourrait méconnaître (malheur
à lui !) ce cri religieux de la conscience et
du devoir, vous prescrivant l'union et l'har-
monie comme les seuls guides qui puissent
vous conduire au bonheur inaltérable que
l'aveuglement des passions essaieroit encore
de vous dérober ?....

. . . .

. . . .
. . . .

Peut-être, me dis-je, me suis-je crue ins-
pirée, lorsque je n'étais que séduite par le
spectacle le plus enchanteur et le plus sublime..... ; peut - être , en me livrant à
une douce contemplation au tombeau de
Louis XVI, n'ai je fait que donner la mesure
de ma faiblesse : le temps seul pourra fixer
mes incertitudes.

Ah ! puisse tout cœur honnête , après la
lecture de ce trop faible opuscule, se trouver
disposé à louer , non l'écrit de l'auteur , mais
du moins le sentiment qui l'inspira !

La suite des *Souvenirs prophétiques d'une Sibylle* ne
doit pas tarder à être mise sous presse. Déjà l'accueil
encourageant que le public a daigné faire au premier
volume, a déterminé l'auteur à en publier un second.
— La *Sibylle* va donc rentrer en lice : elle sait d'avance
quelle sera l'issue du combat. — De nombreuses cri-
tiques, quelques censures amères feront rechercher son
livre, et lui attireront encore de nouveaux curieux. —
Ah ça ! Messieurs, il ne tient qu'à vous de mettre cet
oracle en défaut. — Dites un peu de bien de l'auteur;
c'est alors que l'on jugera ses œuvres d'après vous, et
que la curiosité de voir par soi-même ne sera que
faiblement excitée. — A la vérité, j'aurai toujours pour
moi de vrais adeptes, qui continueront de m'honorer
de leurs obligeans suffrages. — J'ai déjà fait quelques
conversions éclatantes : il en est une surtout qui flatte
infiniment la *Sibylle :* un des littérateurs les plus dis-
tingués de la capitale a bien voulu, dans un article du
Journal Général de France (1), rétracter quelques
graves erreurs qu'il avait commises dans un de ses ou-
vrages (2). — Je lui avais porté une sorte de défi dans
mes *Souvenirs;* je lui avais promis de lui dévoiler cer-
tain mystère qui ne permettait ni doute ni réplique. —
L'estimable M. *Salgues*, non content d'être initié, a
voulu que le public fût dans sa confidence. Je lui en
rends grâce, d'autant plus que la prédiction que je

---

(1)
(2) Des Erreurs et des Préjugés, pag. 93.

m'étais permise de lui faire dans mon ouvrage (1) *,*
vient de recevoir, d'après lui-même, sa réalisation. Je
vais maintenant travailler à une œuvre sublime : je
mets mon ambition à faire rétracter un ingénieux, mais
inexorable critique qui ne m'a guère ménagée. La *Sibylle* est bonne : elle aime à pardonner. — C'est sur
son trépied qu'elle amènera M. H. (2) à convenir qu'il
est plus d'un mystère impénétrable pour les profanes....

Mes nouveaux Souvenirs étonneront les esprits forts ;
les esprits faibles ne sont pas les plus difficiles à con-
vaincre, dira-t-on, c'est le contraire : — Ils doutent
de tout. — L'homme d'esprit finit tôt ou tard par abjurer
les plus graves erreurs ; il ne faut que lui montrer la
lumière pour l'amener à la conviction. Cette fois, je
l'espère, on ne me fera pas l'injuste reproche de prédire *ce qui est arrivé.* Ah ! messieurs les incrédules *,*
vous étiez loin de croire que les événemens de 1814 se
renouvelleraient si malheureusement en 1815. Veuillez
relire mon ouvrage : — Il vous offre maintenant une
grande solution : la défense que je fis à *Buonaparté*
(dans mon voyage à l'île d'Elbe) de méditer des projets
fallacieux, etc., lui annonçant d'avance qu'*il succom-
berait sans gloire* (3), vous prouve aujourd'hui, sans
réplique, qu'il n'y a que les aveugles qui n'y voyaient
pas clair. Les deux remarques que je fais en planant sur
Naples (4) (la chute de *Murat* et la rentrée de l'auguste

---

(1) Page 184, Souvenirs prophétiques.
(2) L'un des rédacteurs du *Journal des Débats.*
(3) Page 282, Souvenirs prophétiques.
(4) Page 274, *idem.*

souverain)..... et le Roi *Stanislas* (1), qui fait des
vœux pour le rétablissement du royaume de Pologne,
il les adresse au petit-fils de l'immortelle Catherine. —
Le ciel les a exaucés : *Alexandre* est digne de régner
sur une nation si fidèle. — Le bon Henri IV prévoyait
encore de nouveaux troubles. — Louis XVI, en rappelant le passage le plus sublime de son immortel Testament, semblait nous dire : Français, vous touchez
encore à de nouveaux malheurs (mes remarques sur la
capitale). Sans la main de Dieu qui dirige tout, *Paris*
n'offrirait aujourd'hui que de vastes catacombes. — La
note 236, pag. 580, est frappante par la précision de
sa vérité : elle est adressée au moderne *Sésostris* qui
nous gouverne, et se réalise chaque jour.—Ce n'est pas
à moi de faire l'éloge de mon ouvrage ; je laisse cette
tâche à qui elle appartient. — Mais quand on prétend
diriger l'opinion publique, on devrait au moins rap-
porter les faits avec exactitude, sans se permettre de
dénaturer la vérité. — Critiquez mon art, je vous le
répète, à vous bien permis de douter de ce que vous
ne pouvez concevoir ; seulement ne persistez pas à re-
dire que j'ai annoncé pour 1815, ce qui est arrivé en
1814 : puisque nos malheurs se sont renouvelés, et
nous ont laissé des traces qui seront longues à s'effacer.
—Mes *Souvenirs prophétiques* ont été mis sous presse
en novembre 1814, et n'ont paru qu'à la fin de janvier 1815. Donc, je ne pouvais prédire ce qui venait
d'arriver, mais bien ce qui allait nous arriver.... Je sui-

____

(1) Page 225, Souvenirs prophétiques.

vrai la même marche dans la suite de mon ouvrage; il sera orné de neuf gravures explicatives : et les amis du merveilleux, et même les hommes les plus censés, resteront dans l'étonnement de mes *dires*..... Ceux qui ne se sont pas encore procuré le premier volume des *Souvenirs*, sont engagés à ne pas différer s'ils veulent avoir l'ouvrage complet. L'on peut souscrire chez l'auteur pour avoir les premières épreuves des gravures emblématiques.

www.ingramcontent.com/pod-product-compliance
Ingram Content Group UK Ltd.
Pitfield, Milton Keynes, MK11 3LW, UK
UKHW022346130726
13694UKWH00006B/1353